지은이 윤은미

종이 옆에서 글을 다루는 일을 꾸준히 해 왔으며, 여전히 글 쓰며 책 만드는 일을 하고 있습니다.
제법 어른이 돼서야 자연 과학책을 읽기 시작했고 비로소 아이처럼 호기심과 탐구심을 가지게 되었습니다.
이 책으로 동물의 입장에서, 동물들이 하고 싶은 이야기를 상상해 봤습니다.
동물들의 이야기에 귀 기울였던 소중한 시간을 우리 어린이들과 함께 나누고 싶습니다.

그린이 김진혁

만화와 영화를 좋아하는 그림 작가입니다. 그동안 웹툰과 독립출판 만화를 그렸습니다.
재미있는 이야기에 관심이 많고, 새롭고 다양한 만화를 꾸준히 그리는 것이 목표입니다.
《빅뱅 여행을 시작해!》《우리는 물이야》《우주를 재자》《돼지가 아니라고? 왜?》《읽는 순서》《풀은 맛있어!》 등에 그림을 그렸습니다.

원작:
《야생 동물은 왜 사라졌을까?》
글 이주희 | 그림 강병호

그림책으로 변신했어!

멸종 동물 소원 카드 배달 왔어요

제1판 제1쇄 발행일 2024년 3월 8일
제1판 제4쇄 발행일 2025년 8월 15일

지음 _ 윤은미 | 그림 _ 김진혁 | 편집 _ 노정임 | 기획 _ 책도둑(김민호, 박정훈, 박정식) | 디자인 _ 토가 김선태
펴낸이 _ 김은지 | 펴낸곳 _ 철수와영희 | 주소 _ 서울시 마포구 월드컵로 65, 302호(망원동, 양경회관)
전화 _ 02-332-0815 | 전송 _ 02-6003-1958 | 전자우편 _ chulsu815@hanmail.net | 등록번호 _ 제319-2005-42호

ISBN 979-11-7153-007-6   77490

ⓒ 김진혁, 윤은미, 노정임 2024

* 이 책에 실린 내용 일부나 전부를 다른 곳에 쓰려면 반드시 저작권자와 철수와영희 모두한테서 동의를 받아야 합니다.
* 잘못된 책은 출판사나 처음 산 곳에서 바꾸어 줍니다.
* 철수와영희 출판사는 '어린이' 철수와 영희, '어른' 철수와 영희에게 도움 되는 책을 펴내기 위해 노력합니다.

어린이제품 안전특별법에 의한 기타 표시사항

제품명 도서 | **제조자명** 철수와영희 | **제조국명** 한국 | **전화번호** (02)332-0815 | **제조연월** 2025년 8월 | **사용연령** 8세 이상
주소 04018 서울시 마포구 월드컵로 65, 302호(망원동, 양경회관)
주의사항 종이에 베이거나 긁히지 않도록 조심하세요. 책 모서리가 날카로우니 던지거나 떨어뜨리지 마세요.

철수와영희 그림책 11

우리나라 멸종 위기 동물들의
생활사

멸종 동물 소원 카드 배달 왔어요

글 윤은미 | 그림 김진혁

오늘,
특별한 동물들이 모였어요.

동물들이 소원을 말하자
달에 있는 인쇄소로 이야기가 날아들었어요.

동물 소원이 담긴
이야기를 인쇄하면,

지구에 배달할 거야.

동물들의 자기소개

- 동글동글 똥을 잘 굴려. **소똥구리** _13
- 오래된 나무를 사랑해. **장수하늘소** _15
- 땅속으로 순간 이동해. **맹꽁이** _17
- 금띠를 두르고 태어났어. **금개구리** _19
- 한국에서 가장 긴 뱀이야. **구렁이** _21
- 아름다운 등딱지가 있어. **남생이** _23
- 우아한 뿔 봤니? **꽃사슴** _25
- 바위산도 가뿐하게 오르지. **산양** _27
- 하천에서는 내가 최고야. **수달** _29
- 산에서는 내가 최고 사냥꾼이야. **담비** _31
- 바다가 집이야. **물범** _33
- 물속에서 재빠르고 날쌔지. **물개** _35
- 찰랑거리는 내 깃 멋지지? **따오기** _37
- 여름 논에서 나를 찾아봐. **뜸부기** _39
- 밤의 뛰어난 사냥꾼이야. **수리부엉이** _41
- 멋진 날개를 보렴. **독수리** _43
- 가슴에 아름다운 반달무늬가 있어. **곰** _45
- 한국 사람들이 가장 좋아하는 동물이야. **호랑이** _47

멸종 이유와 동물들의 소원

- 똥이 없어졌어! **소똥구리** _ 14
- 숲이 점점 사라지고 있어. **장수하늘소** _ 16
- 물가로 갈 수가 없어. **맹꽁이** _ 18
- 살 곳이 없어. **금개구리** _ 20
- 돌담이 있는 마을이 없어. **구렁이** _ 22
- 사람들이 잡아먹어서 사라졌어. **남생이** _ 24
- 아름다운 뿔 때문에 슬퍼졌어. **꽃사슴** _ 26
- 바위산에서 계속 살고 싶어. **산양** _ 28
- 사람들이 털을 탐냈어. **수달** _ 30
- 사람들이 담비 털도 탐냈어. **담비** _ 32
- 집이 점점 좁아지고 있어. **물범** _ 34
- 그만 잡아가라고! **물개** _ 36
- 살 데가 없어. **따오기** _ 38
- 안전한 논이 많았으면 좋겠어. **뜸부기** _ 40
- 새도 땅과 연결되어 있어. **수리부엉이** _ 42
- 야생 동물 멸종을 멈춰! **독수리** _ 44
- 마음이 아파. **곰** _ 46
- 미래의 지구에도 호랑이가 살아 있길! **호랑이** _ 48

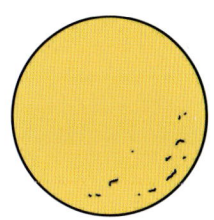